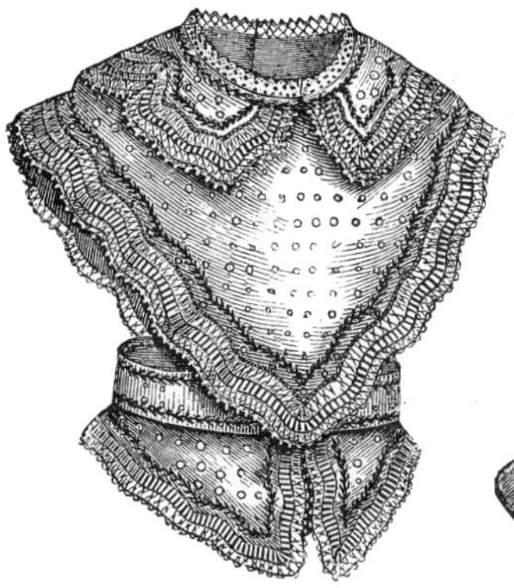
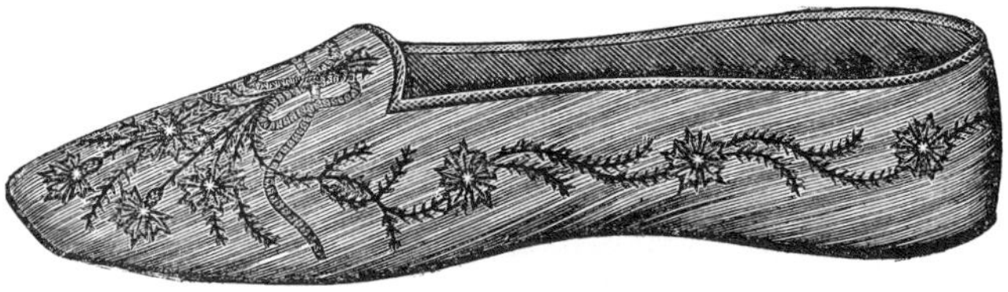

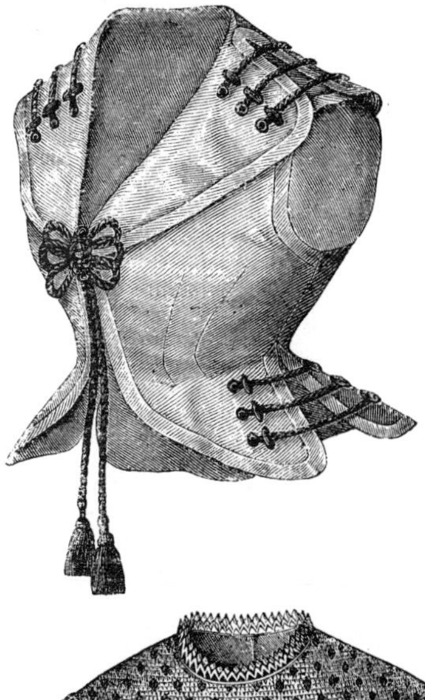

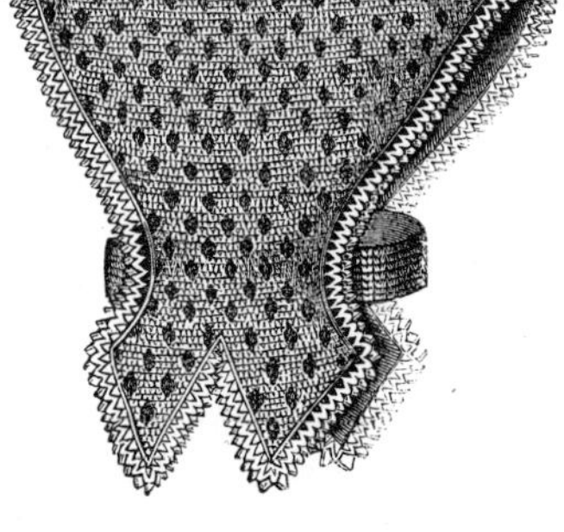

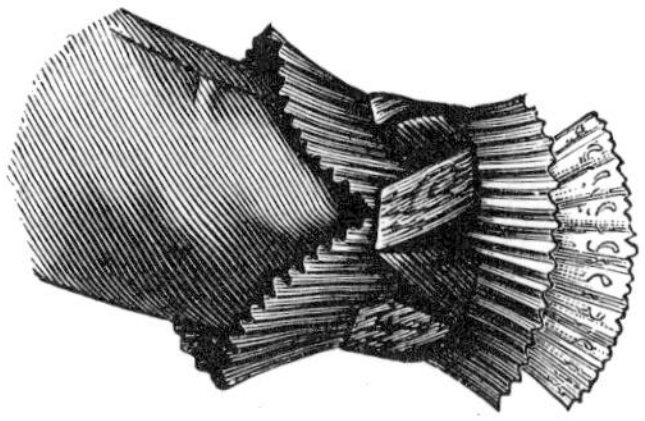

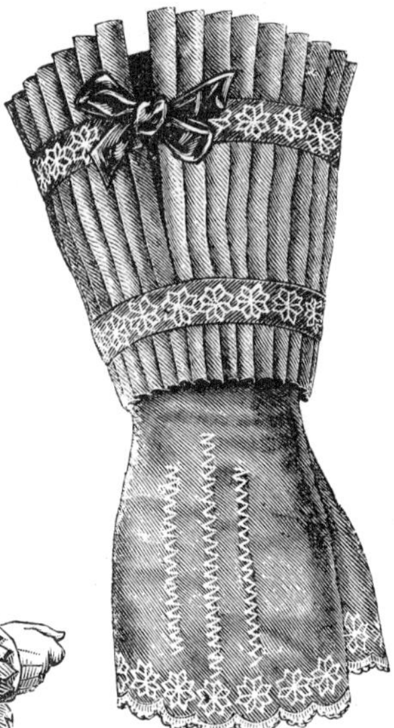

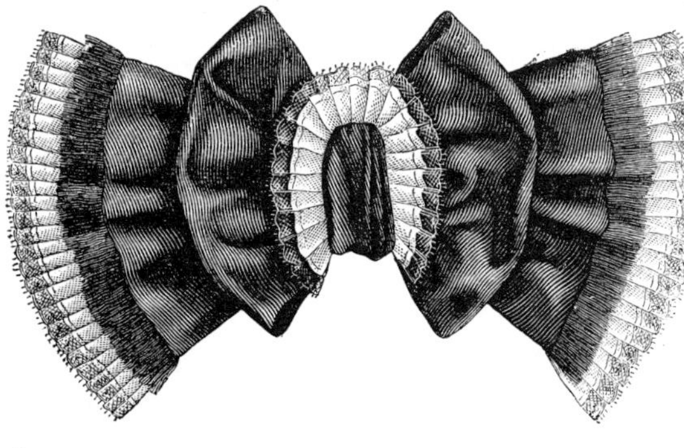

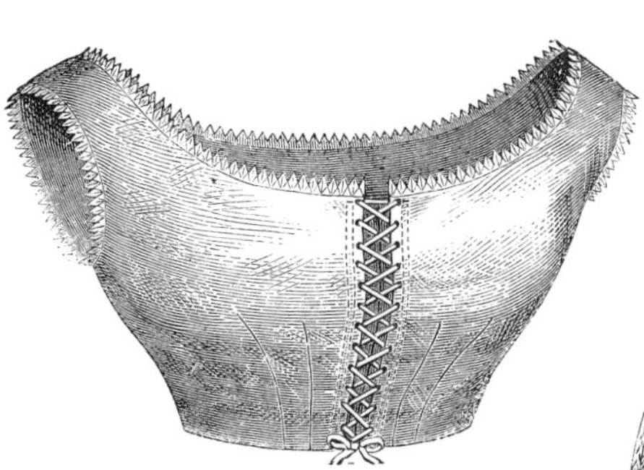

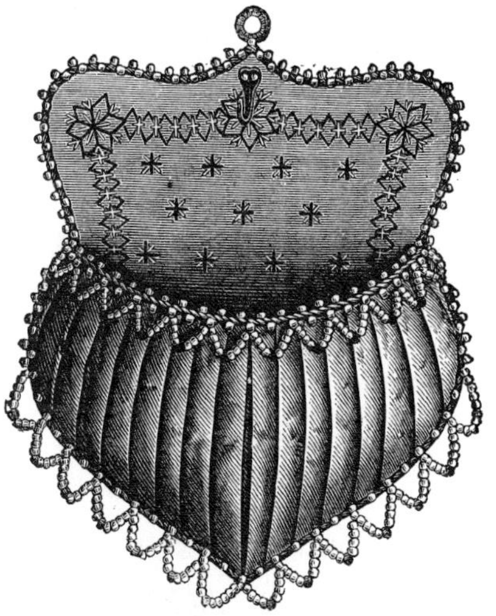

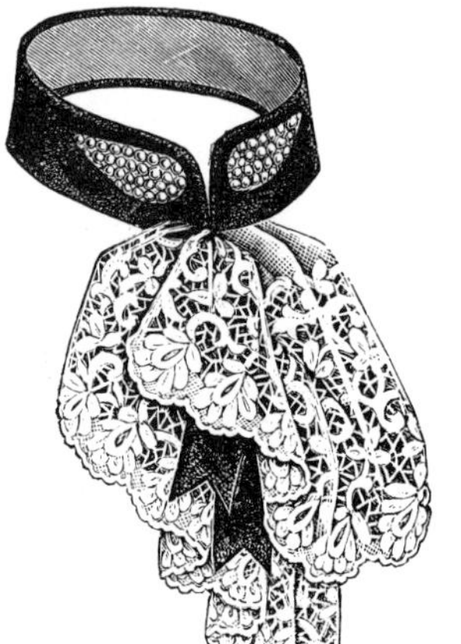

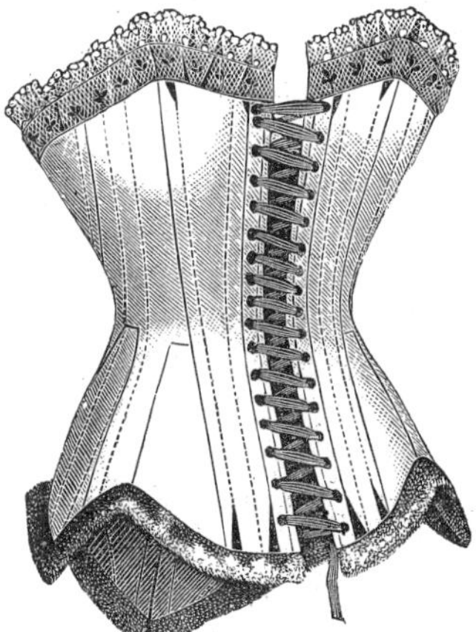
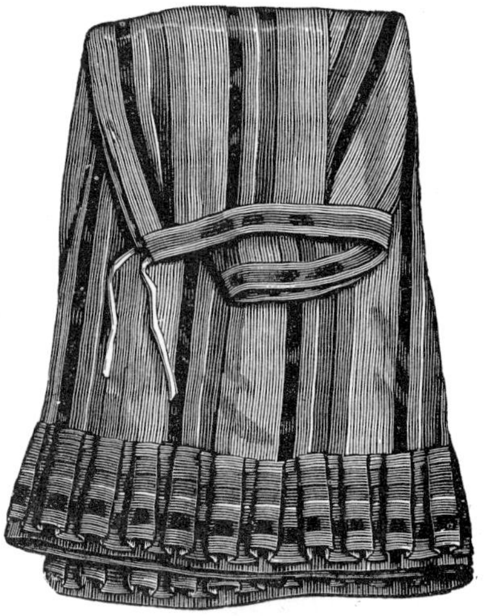

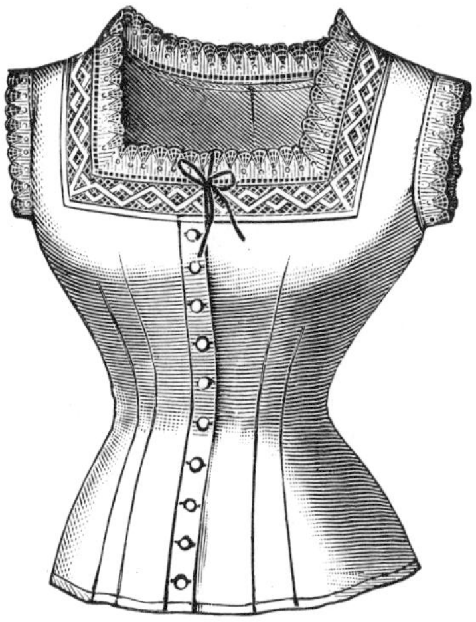
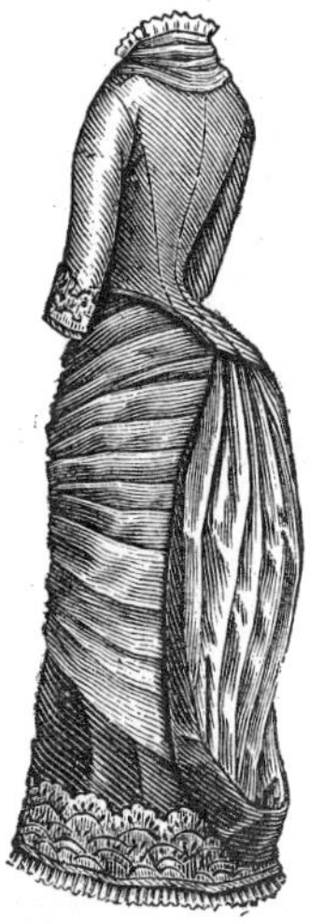

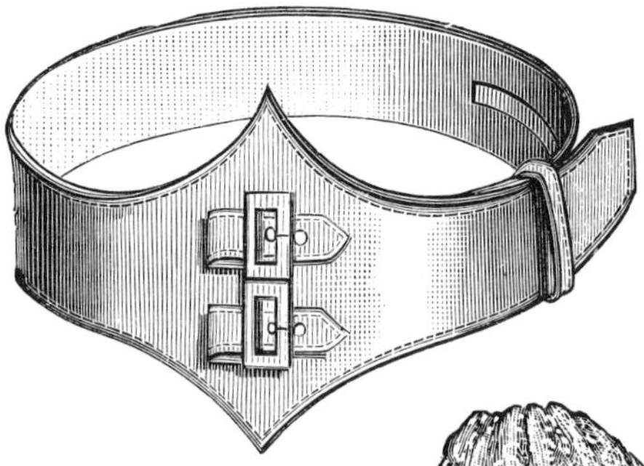

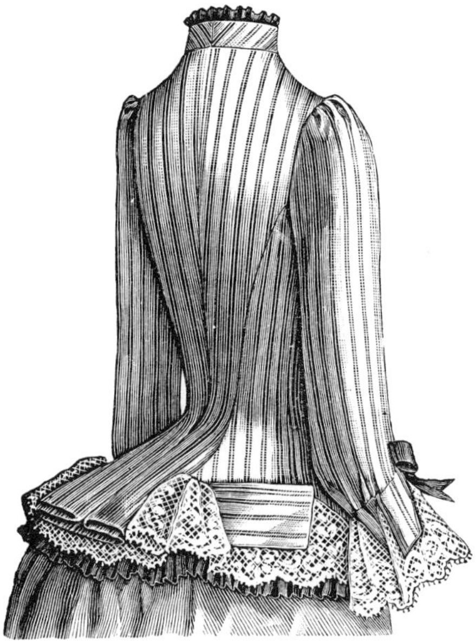

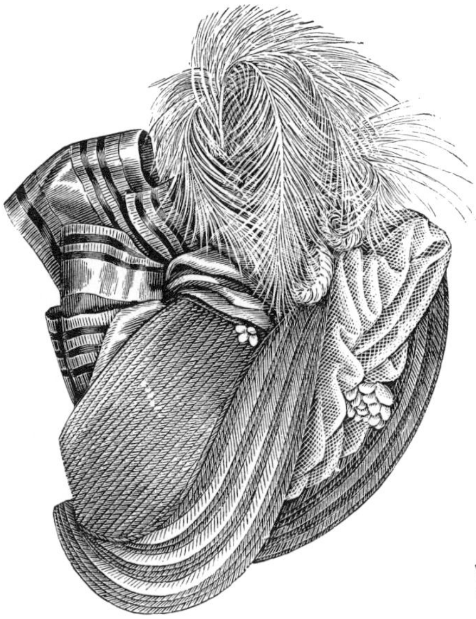

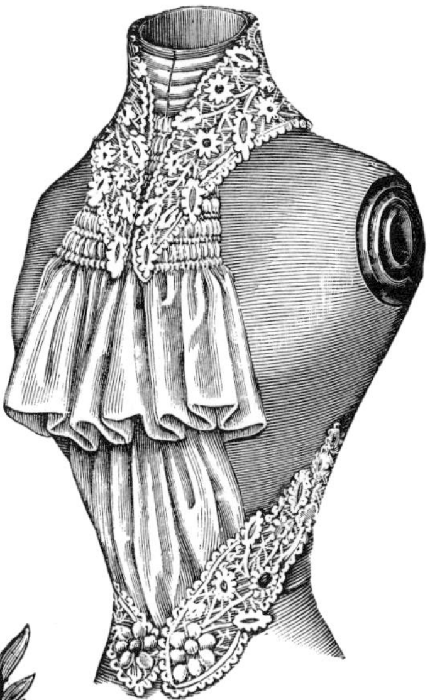

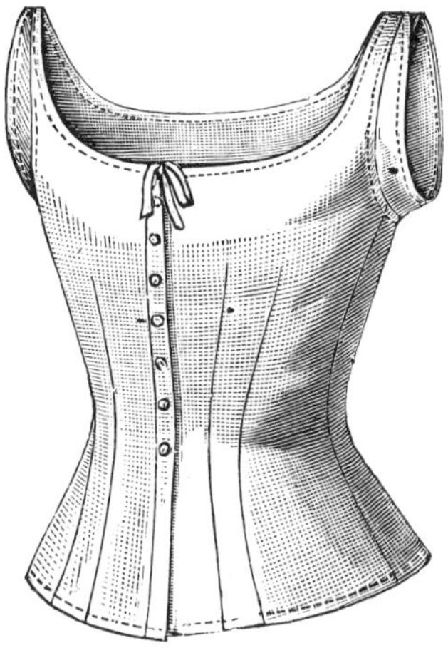

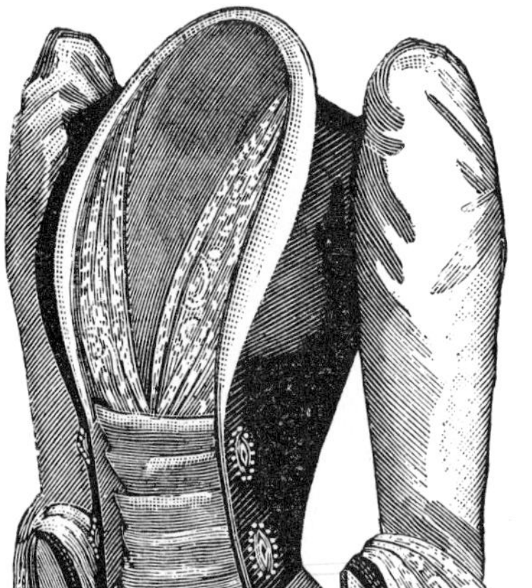

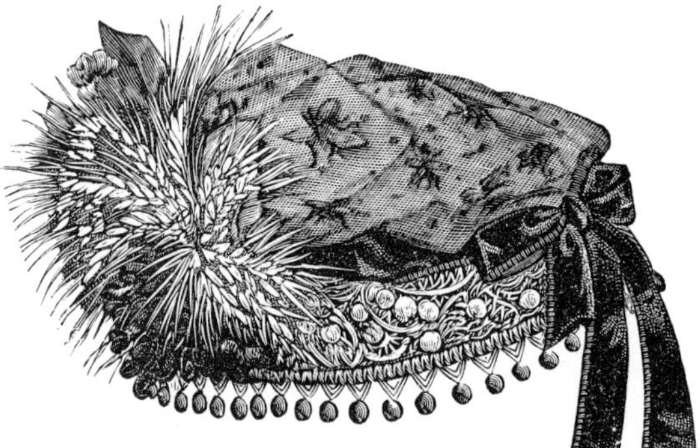

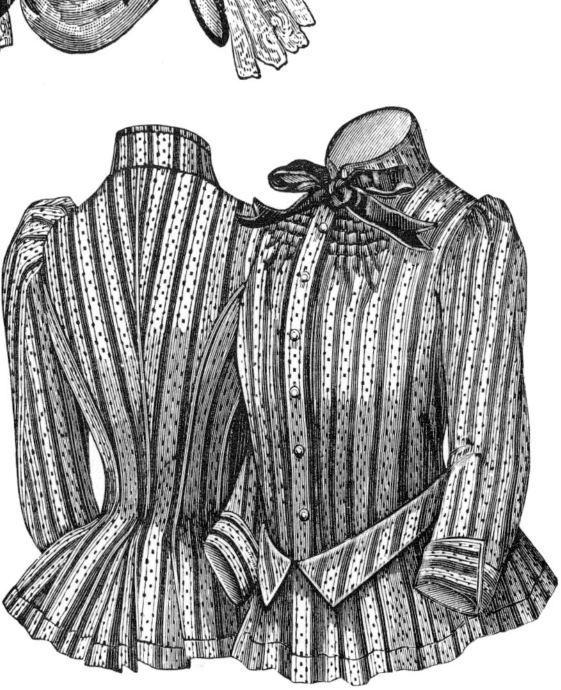

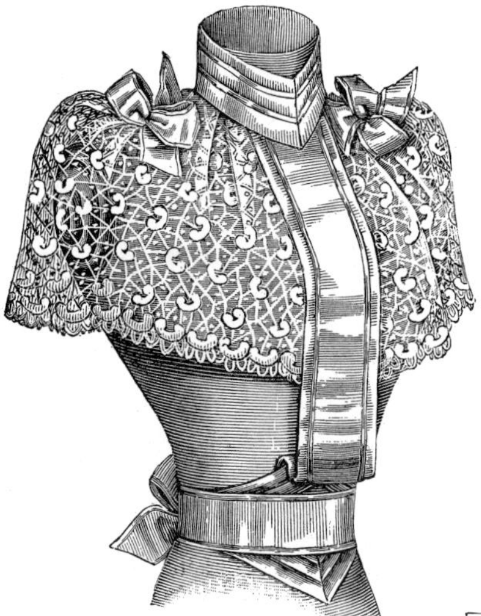

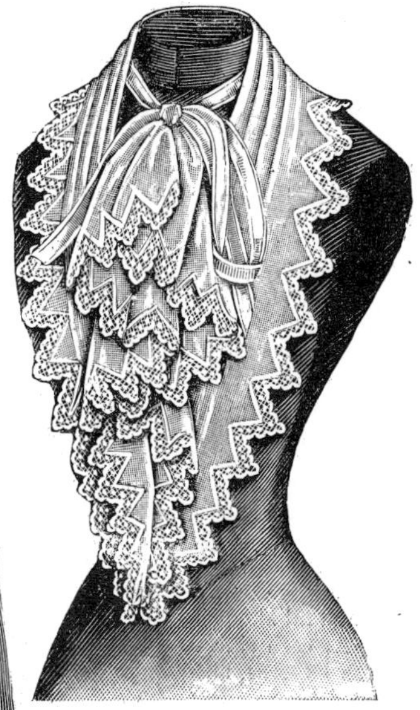

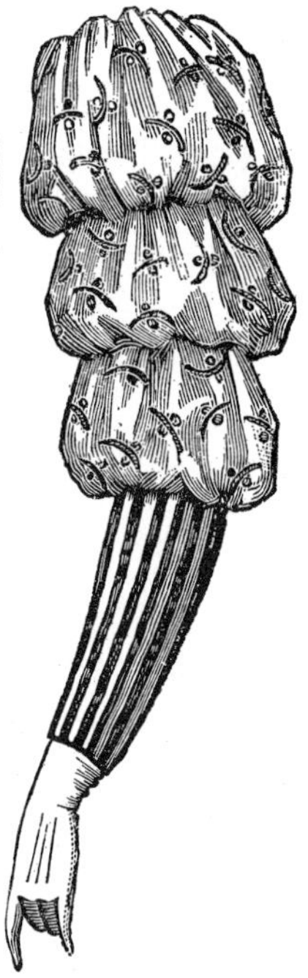

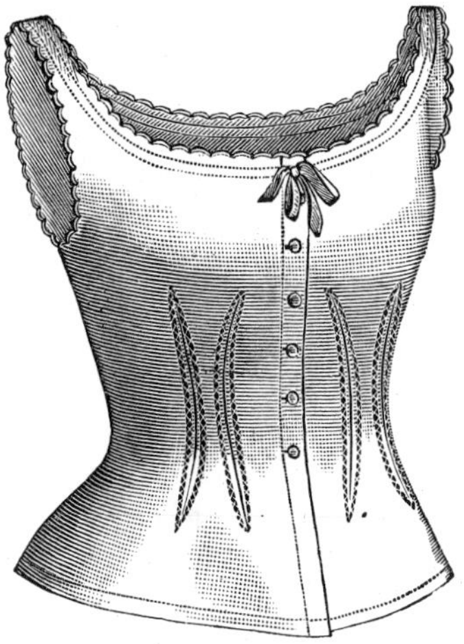

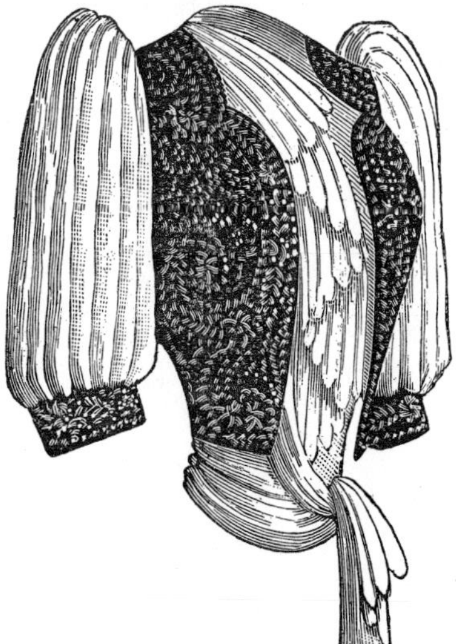

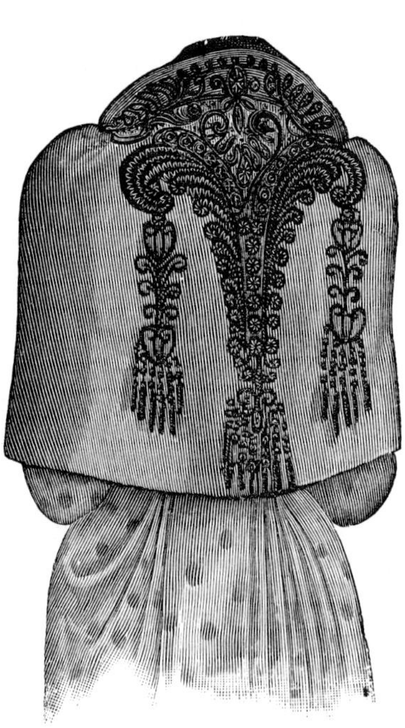

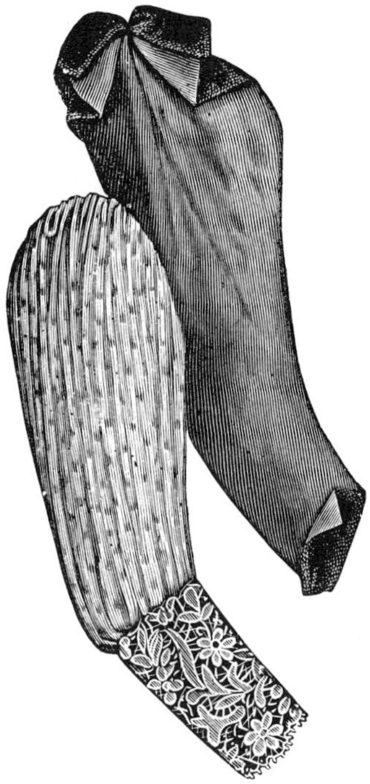

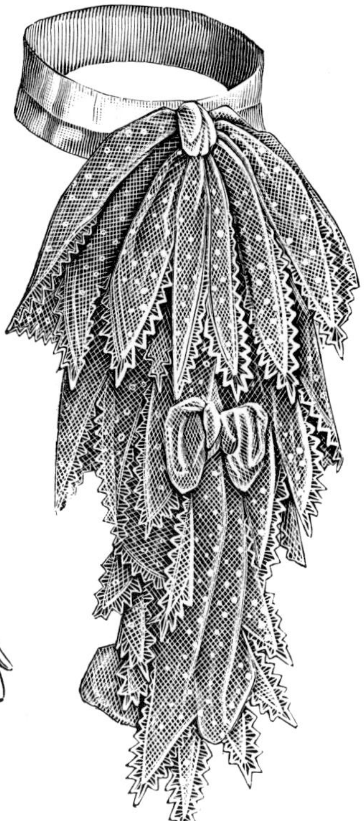

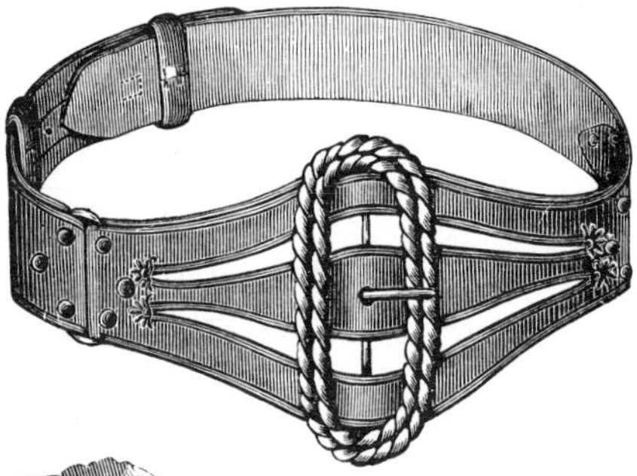

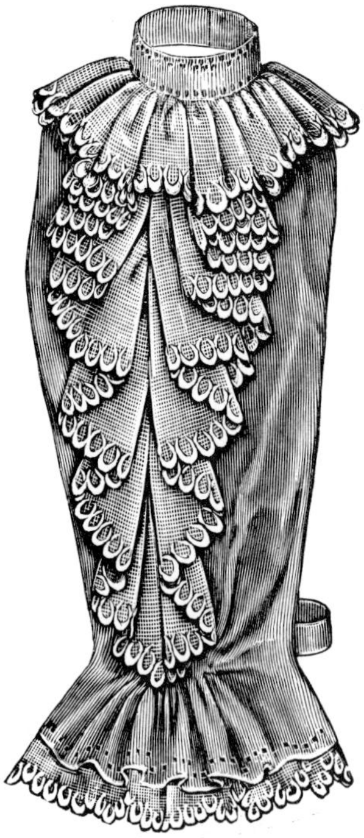
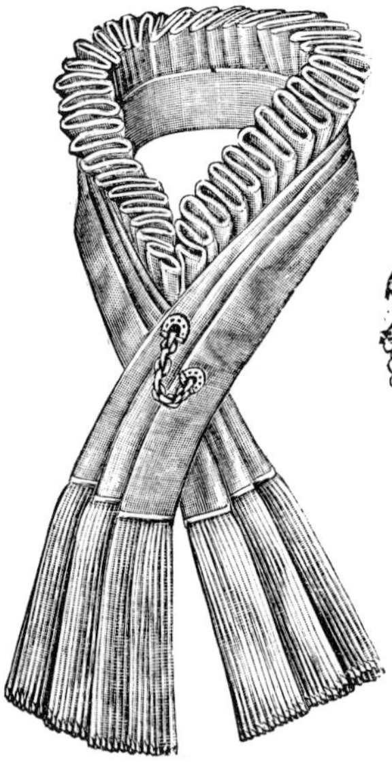

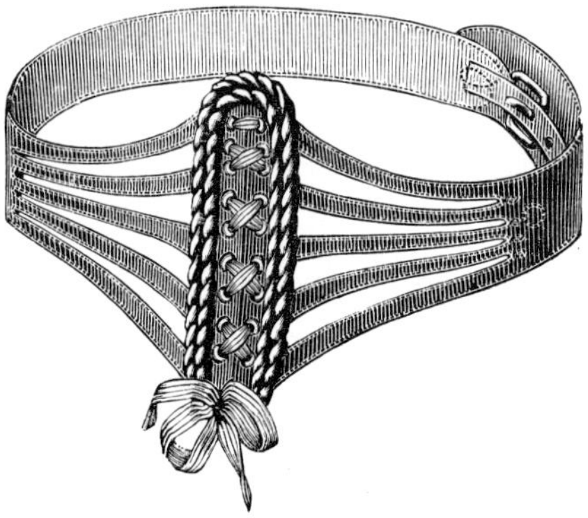

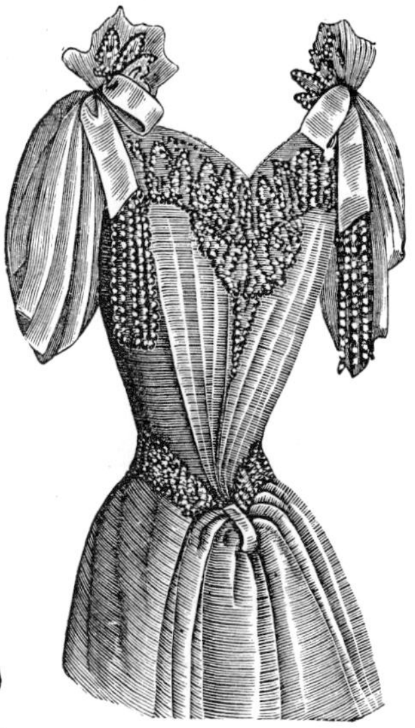

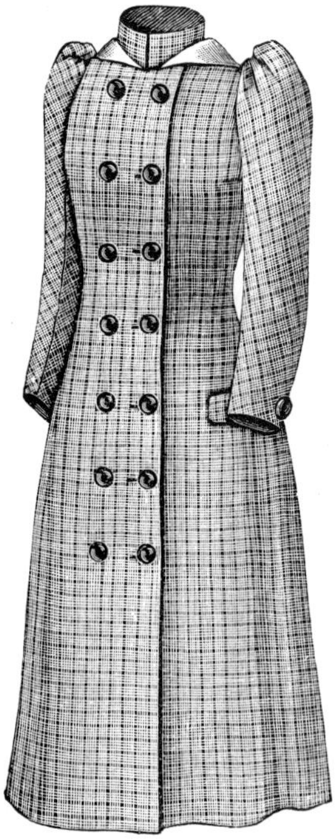

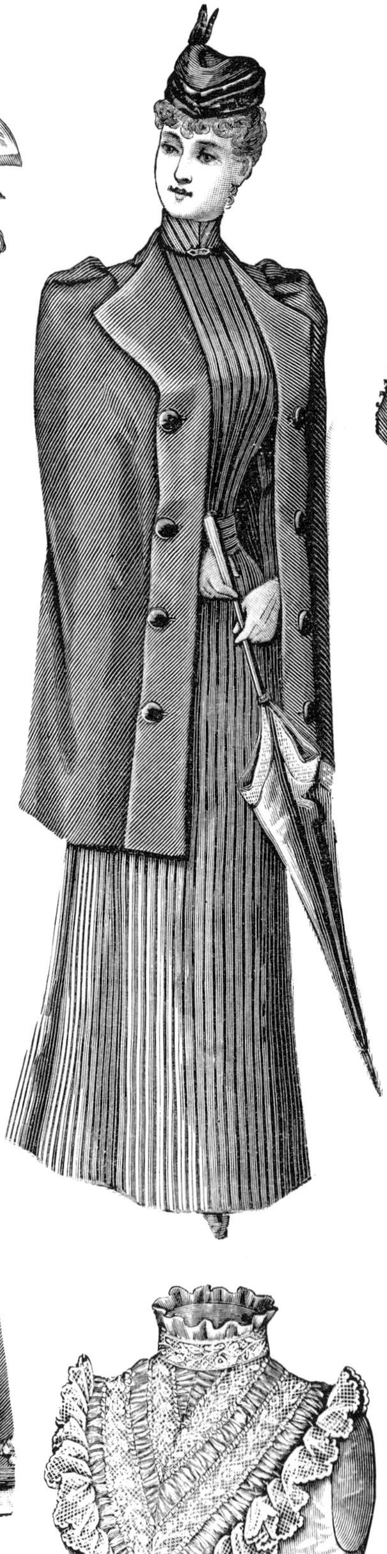

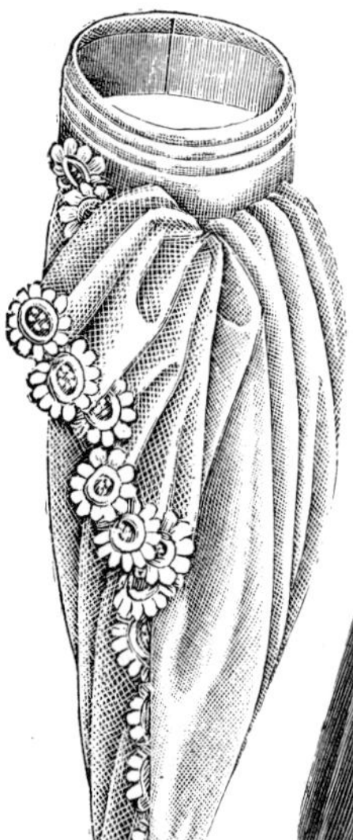

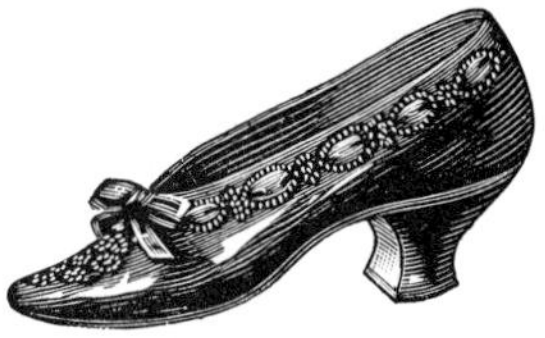

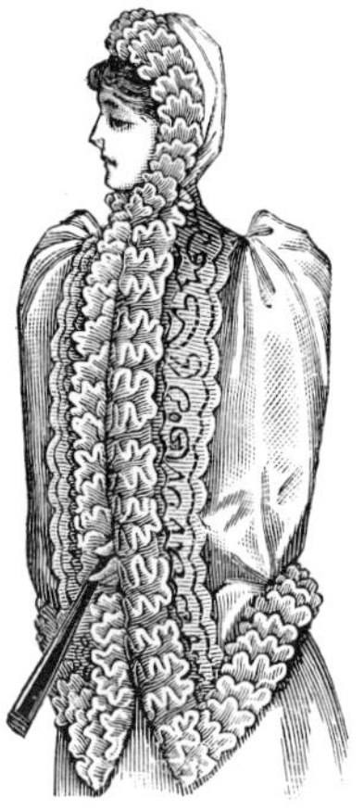

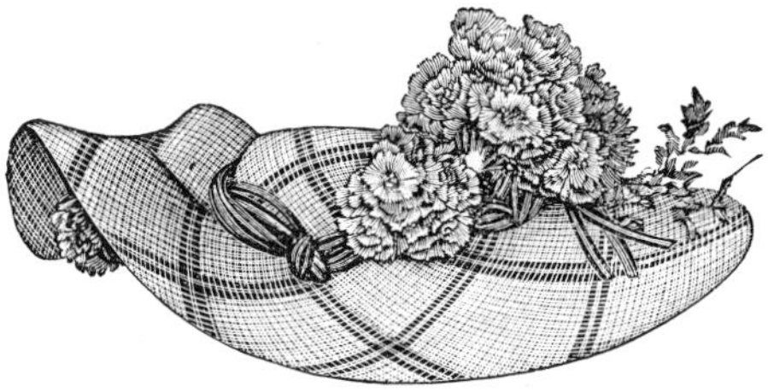

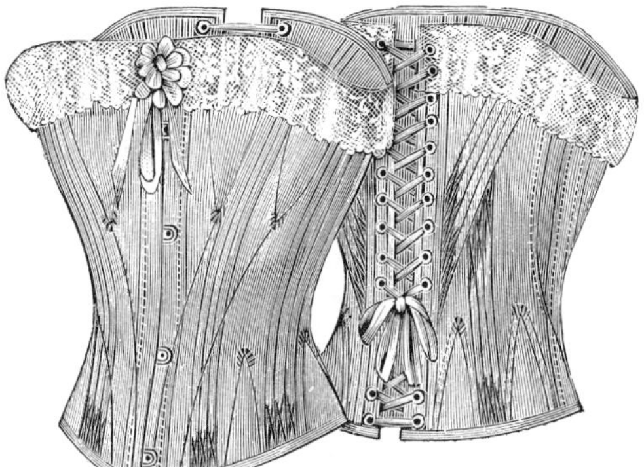

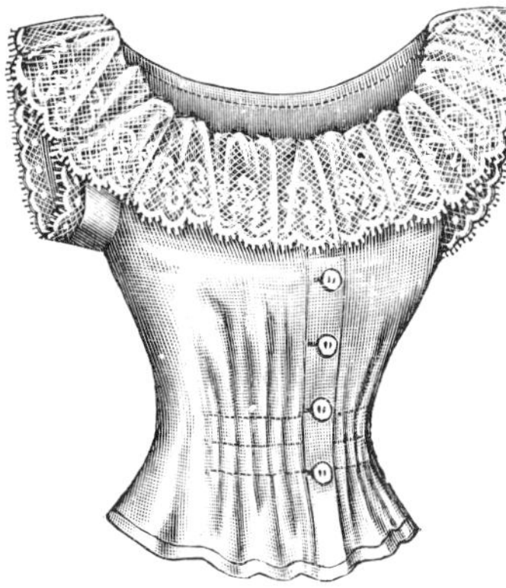

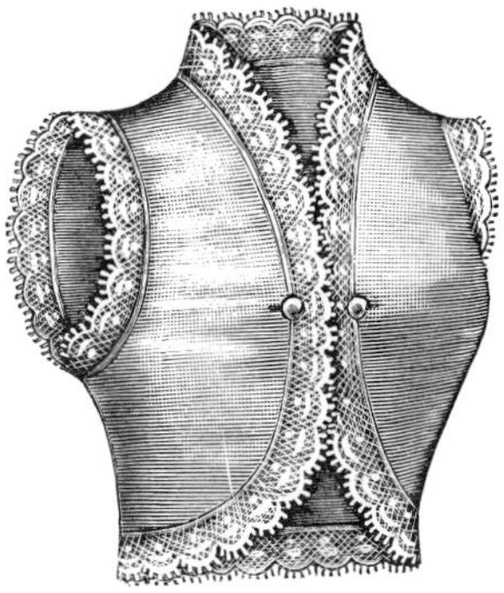

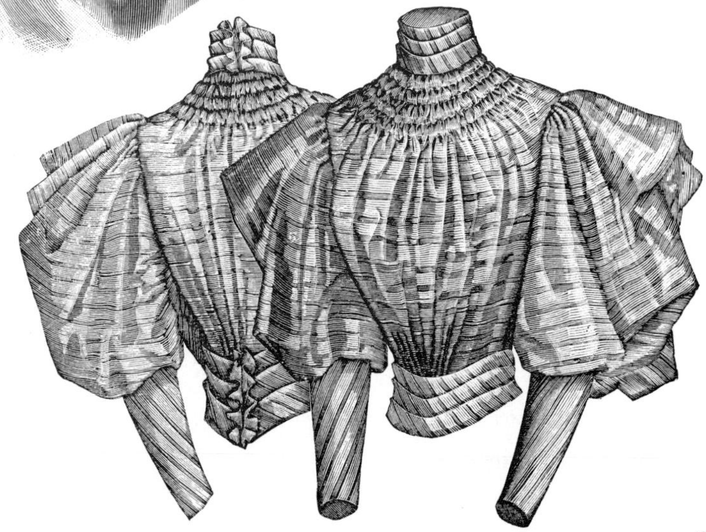

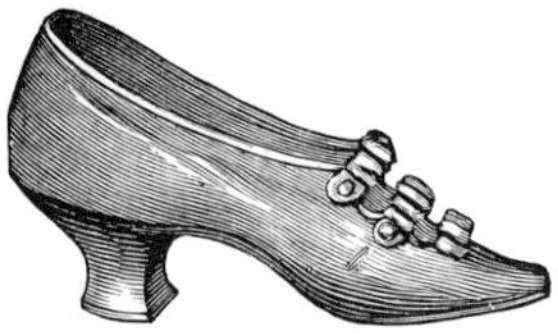
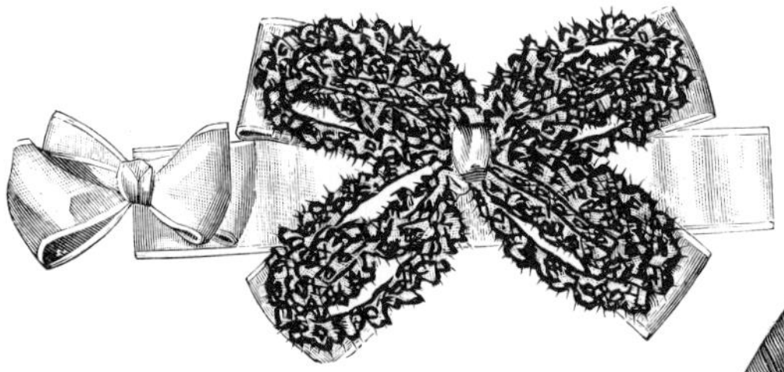

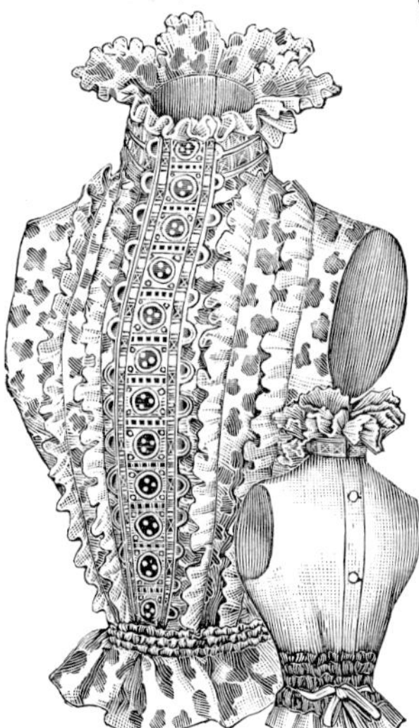

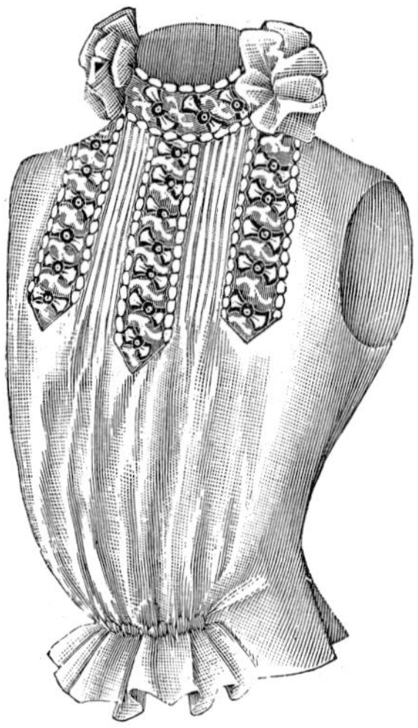

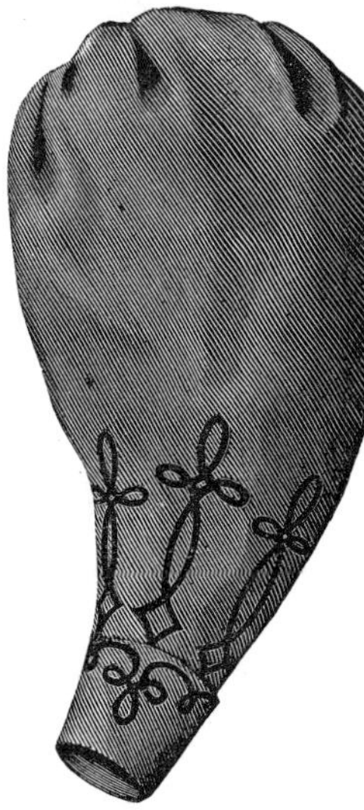

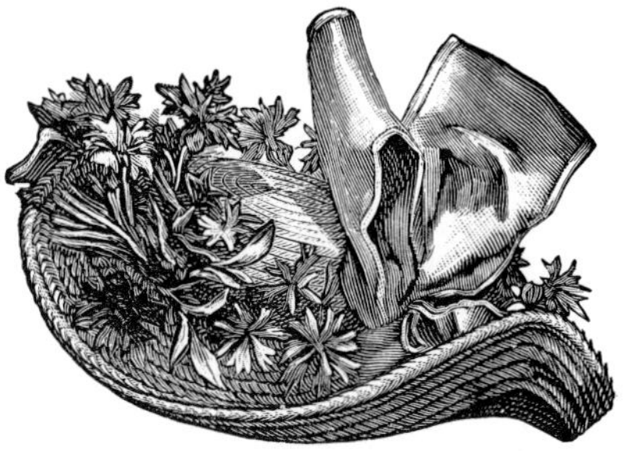

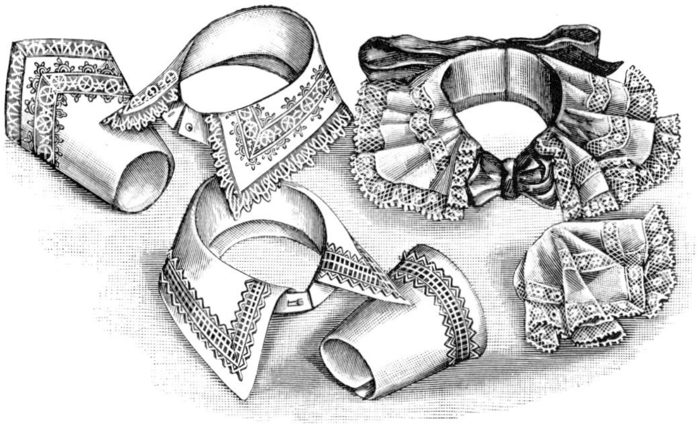

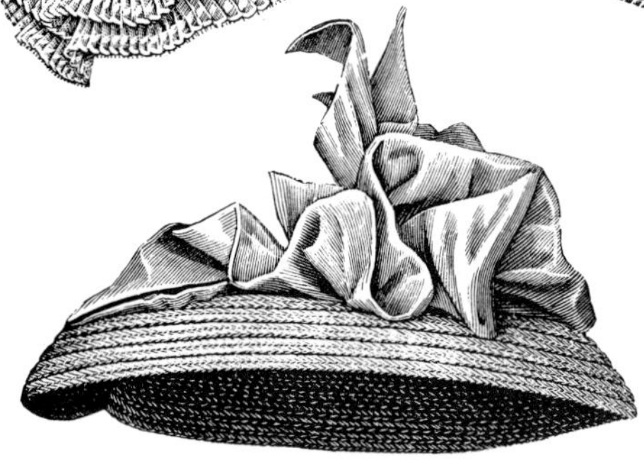